Impressum
Verlag: BABADADA GmbH, Nedderfeld 112 , 22529 Hamburg
Geschäftsführer / Verlagsleitung: Harald Hof
Druck: Books on Demand GmbH, In de Tarpen 42, 22848 Norderstedt

Imprint
Publisher: BABADADA GmbH, Nedderfeld 112 , 22529 Hamburg, Germany
Managing Director / Publishing direction: Harald Hof
Print: Books on Demand GmbH, In de Tarpen 42, 22848 Norderstedt

ចំកែ
除

186/2

ក្ដារខៀន
黑板

បន្ទប់រៀន
教室

គ្រូបង្រៀន
老師

ទីធ្លាសាលារៀន
校園

ក្រដាស
紙

បិក
筆

តុការិយាល័យ
辦公桌

សរសេរ
書寫

បន្ទាត់
直尺

សៀវភៅ
書

កូនសិស្ស
學生

សម្ភារៀតសុបកៃ

書包

ប្រអប់ដាក់ខ្មៅដៃ

鉛筆盒

ខ្មៅដៃ

鉛筆

ប្រដាប់ខ្វងខ្មៅដៃ

削鉛筆機

ជ័រលុប

橡皮擦

ផ្ទាំងគំនូរ

畫板

គំនូរ

圖畫

ជក់គូរ

畫筆

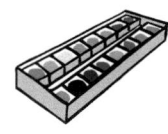

ប្រអប់ថ្នាំលាប

顏料盒

កន្ត្រៃ

剪刀

ការបិទ

膠水

សៀវភៅលំហាត់

練習冊

កិច្ចការផ្ទះ

家庭作業

12

លេខ

數字

2+2

បូក

加

5-2

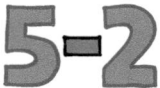

ដក

減

2✕2

គុណ

乘

គណនា

計算

A

លិខិត

字母

ABCDEFG HIJKLMN OPQRSTU VWXYZ

អក្ខរក្រម

字母表

hello

ពាក្យ

字

អត្ថបទ

課文

អាន

讀

ដីស

粉筆

មេរៀន

上課

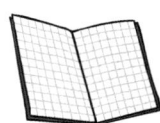

ចុះឈ្មោះ

登記

ការប្រលង

考試

វិញ្ញាបនបត្រ

證書

ឯកសណ្ឋានសាលា

校服

ការអប់រំ

教育

សព្វវចនាធិប្បាយ

百科全書

សាកលវិទ្យាល័យ

大學

មីក្រូទស្សន៍

顯微鏡

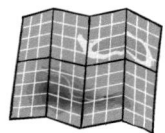

ផែនទី

地圖

កន្ត្រកដាក់សំរាមកូរដាស

廢紙簍

សណ្ឋាគារ
飯店

Grand

សណ្ឋាគារកុមារ
青年旅社

ការិយាល័យប្ដូររូបិយប័ណ្ណ
外幣兌換處

EXCHANGE

វ៉ាលី
手提箱

រថយន្ត
汽車

ភាសា

語言

បាទ / ទេ

是/否

យល់ព្រម

好的

សាយ័ណ្ណសួស្ដី!

您好

អ្នកបកប្រែ

翻譯人員

សូមអរគុណ

謝謝

ថ្លៃប៉ុន្មាន...?

……多少錢？

ខ្ញុំមិនយល់

我不明白

បញ្ហា

問題

ទិវាសួស្តី!

晚上好！

អរុណសួស្តី

早上好！

រាត្រីសួស្ដី!

晚安！

លាហើយ

再見

ទិសដៅ

方向

អីវ៉ាន់

行李

កាបូប

包

កាបូបស្ពាយក្រោយ

背包

ភ្ញៀវ

客人

បន្ទប់

房間

ថង់ដេក

睡袋

តង់

帳篷

ព័ត៌មានទេសចរណ៍

旅行資訊

ឆ្នេរ

海灘

កាតឥណទាន

信用卡

អាហារពេលព្រឹក

早餐

អាហារថ្ងៃត្រង់

午餐

អាហារពេលល្ងាច

晚餐

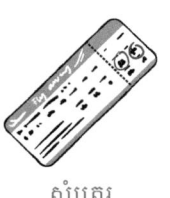

សំបុត្រ

票

ជណ្ដើរយន្ត

電梯

តែម

郵票

ព្រំដែន

邊界

គយ

海關

ស្ថានទូត

大使館

ទិដ្ឋាការ

簽證

លិខិតឆ្លងដែន

護照

ការដឹកជញ្ជូន

交通運送

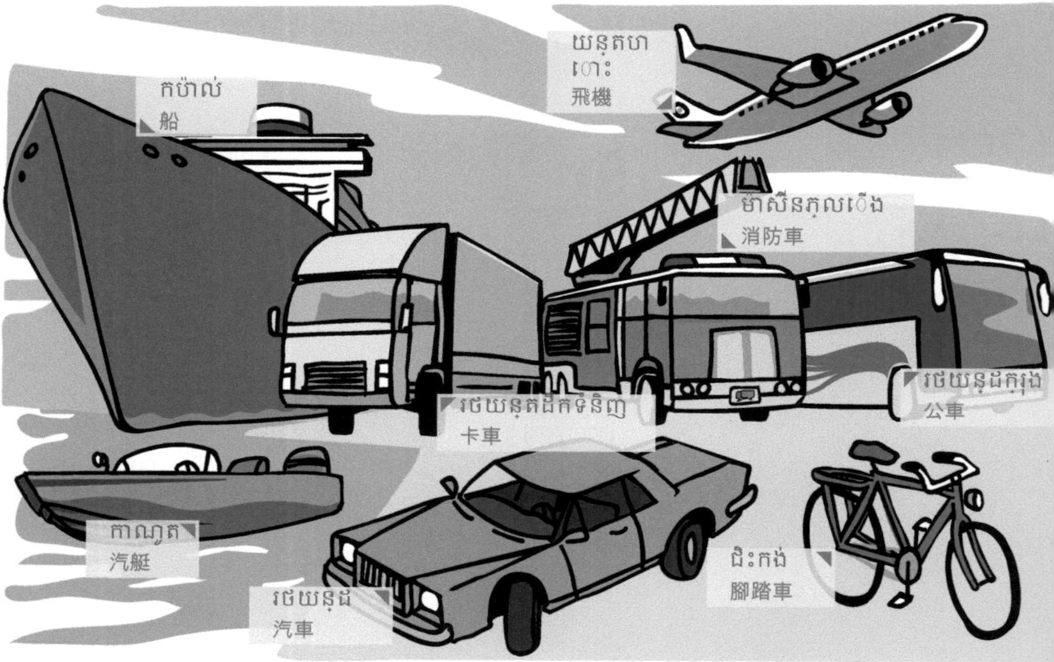

យន្តហោះ
飛機
កប៉ាល់
船
ម៉ាស៊ីនភ្លើង
消防車
រថយន្តដឹកក្រុង
公車
រថយន្តដឹកទំនិញ
卡車
កាណូត
汽艇
ជិះកង់
腳踏車
រថយន្ត
汽車

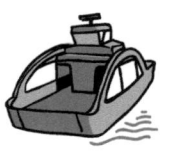

សាឡាង

渡輪

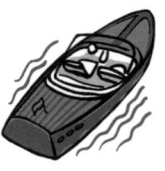

ទូក

小船

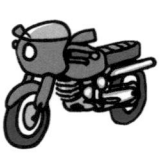

ម៉ូតូ

機車

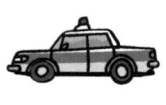

រថយន្តប៉ូលិស

警車

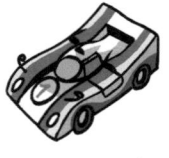

រថយន្តប្រណាំង

賽車

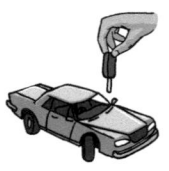

រថយន្តជួល

租車

ការចែករំលែករថយន្ត

拼車

ឡានសុទូច

拖車

ឡានបុម្មេលសំរាម

垃圾車

ម៉ូទ័រ

馬達

បុរេងឥន្ធន:

汽油

ស្ថានីយបុរេង

加油站

សូលាកសញ្ញាចរាចរណ៍

交通標識

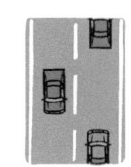

ការធ្វេីចរាចរណ៍

交通

កកស្ទះចរាចរណ៍

交通堵塞

ចំណត

停車場

ស្ថានីយរថភ្លើង

火車站

ផ្លូវដែកភ្លើង

軌道

រថភ្លើង

火車

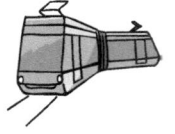

រថអគ្គីសនី

路面電車

ទូរថភ្លើង

客車廂

ឧទ្ធម្ភាគចក្រ

直升機

ព្រលានយន្តហោះ

機場

ប៉ម

塔

អ្នកដំណើរ

乘客

កុងតឺន័រ

集裝箱

កុដោសកាតុង

紙板箱

រទេះ

手推車

កញ្ចប់

籃子

ហោះឡ្បេីង / ចុះ

起飛/降落

ទីក្រុង
城市

ភូមិ

村莊

កណ្ដាលទីក្រុង

市中心

ផ្ទះ

房子

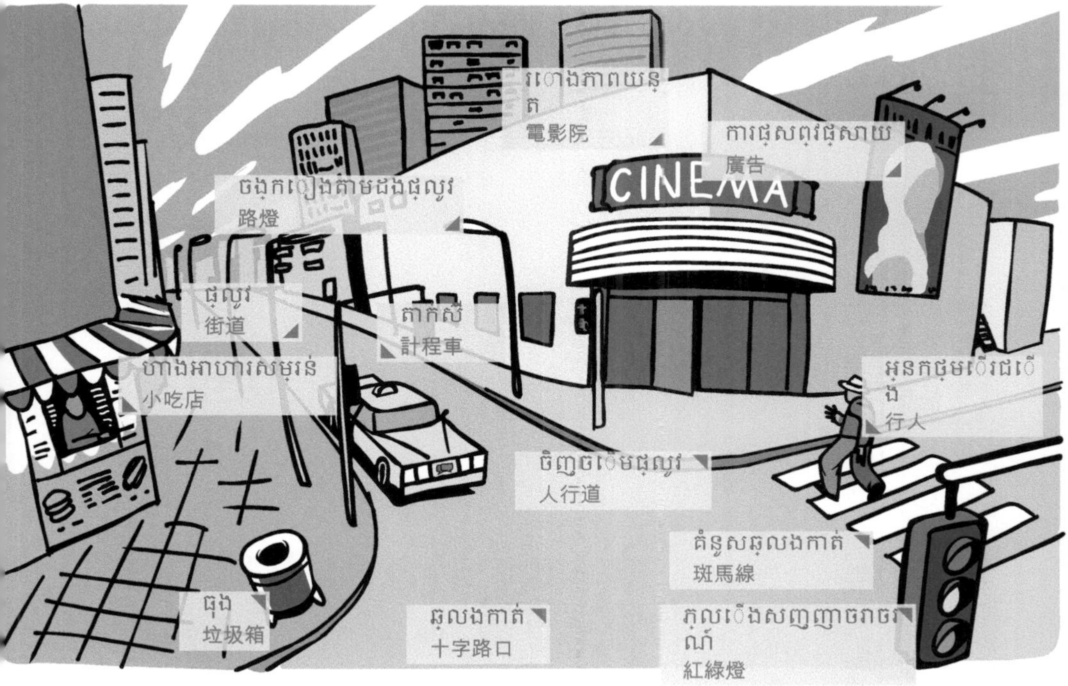

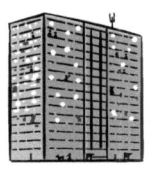

រូបភាពយន្ត
電影院

ការផ្សព្វផ្សាយ
廣告

ចង្កៀងបំភ្លឺតាមដងផ្លូវ
路燈

ផ្លូវ
街道

តាក់ស៊ី
計程車

ហាងអាហារសម្រន់
小吃店

អ្នកថ្មើរជើង
行人

ចិញ្ចើមផ្លូវ
人行道

គំនូសចតុលងកាត់
斑馬線

ធុង
垃圾箱

ផុលលងកាត់
十字路口

កូលេងសញ្ញាចរាចរណ៍
紅綠燈

ខ្ទម
小屋

ផ្ទះល្វែង
公寓

ស្ថានីយ៍ចតុលេង
火車站

សាលាក្រុង
市政廳

សារមន្ទីរ
博物館

សាលារៀន
學校

ទីក្រុង - 城市   11

សាកលវិទ្យាល័យ

大學

ធនាគារ

銀行

មន្ទីរពេទ្យ

醫院

សណ្ឋាគារ

飯店

ឱសថស្ថាន

藥房

ការិយាល័យ

辦公室

ហាងលក់សៀវភៅ

書店

ហាង

商店

ហាងផ្កា

花店

ផ្សារទំនើប

超市

ទីផ្សារ

市場

ហាងទំនិញ

百貨商店

ហាងលក់ត្រី

魚店

មជ្ឈមណ្ឌលផ្សារទំនើ

購物中心

កំពង់ផែ

海港

ឧទ្យាន

公園

បង្គំ

長凳

ស្ពាន

橋

ជណ្តើរបើរ

樓梯

ផ្លូវក្រោមដី

捷運

ផ្លូវរូងក្រោមដី

隧道

ចំណតរថយន្តដុងក្រុង

公車站

បារ

酒吧

ភោជនីយដ្ឋាន

餐館

ប្រអប់សំបុត្រ

郵筒

សញ្ញាតាមដងផ្លូវ

路標

ឧបករណ៍បូរមួលចូលថៃណត

停車計時器

សួនសត្វ

動物園

អាងហាលែទឹក

游泳池

វិហារអឺស្លាម

清真寺

កសិដ្ឋាន

農場

ការបំពុល

污染

វាលកប់ខ្មោចពោរ

墓地

ព្រះវិហារ

教堂

គ្រឿងរៀបអេលកុមដេលដេ

操場

បុរសាទ

寺廟

ទេសភាព

地形

ស្លឹក
樹葉

សញ្ញាប្រាប់ទិសដៅ
指示牌

ផ្លូវ
路

វាលស្មៅ
草地

ដុំថ្ម
石頭

អ្នកឃ្លារបើងភ្នំ
徒步旅行者

ដើមឈើ
樹

ទន្លេ
河

ស្មៅ
草

ផ្កា
花

ជ្រលងភ្នំ

峽谷

កូនភ្នំ

丘陵

បឹង

湖

ព្រៃឈើ

森林

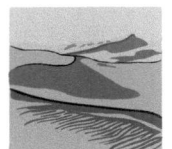

វាលខ្សាច់

沙漠

ភ្នំភ្លើង

火山

គ្រោះកូរប៉ី

城堡

ឥន្ធនូ

彩虹

ផ្សិត

蘑菇

ដើមត្នោត

棕櫚樹

មូស

蚊子

រុយ

蒼蠅

ស្រមោច

螞蟻

សត្វឃ្មុំ

蜜蜂

ពីងពាង

蜘蛛

សត្វកកេញចៃ

甲蟲

កង្កែបបៃ

青蛙

កំប្រុក

松鼠

សត្វរកាំប៉ុរមា

刺蝟

ទន្សាយសុលឹក

野兔

សត្វទឹទុយ

貓頭鷹

បក្សី

鳥

ហង្ស

天鵝

ជ្រូក

野豬

សត្វរកាទាន់

鹿

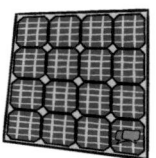

សត្វរកុដាន់

麋鹿

ទំនប់

水壩

កង្ហារខ្យល់

風力發電機

បន្ទះទសួឡា

太陽能電池板

អាកាសធាតុ

氣候

ភោជនីយដ្ឋាន

餐館

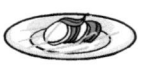

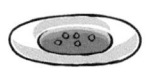

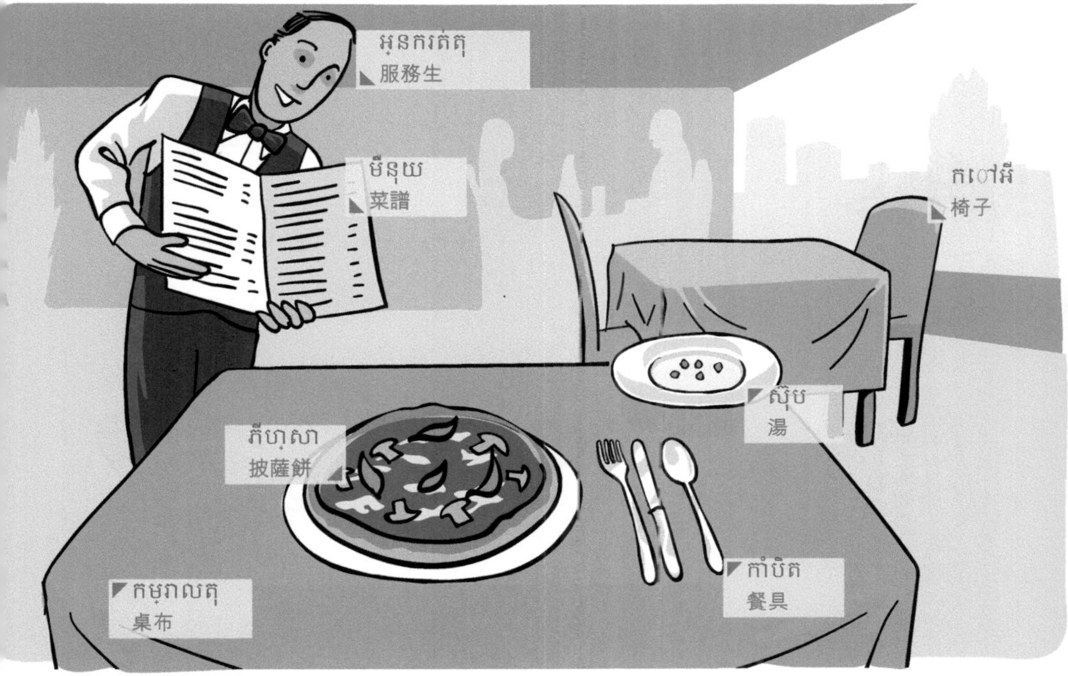

អ្នករត់តុ
服務生
មីនុយ
菜譜
កៅអី
椅子
ស៊ុប
湯
ភីហ្សា
披薩餅
កាំបិត
餐具
កម្រាលតុ
桌布

អាហារសម្រន់

前菜

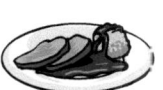

អាហារសំខាន់

主菜

បង្អែម

甜點

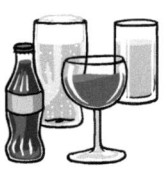

ភេសជ្ជៈ

飲料

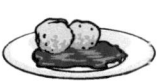

អាហារ

食物

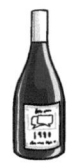

ដប

瓶子

អាហាររហ័ស

速食

អាហារតាមផ្លូវ

街邊小吃

ប៉ាន់តែ

茶壺

បុរអប់ស្ករ

糖盒

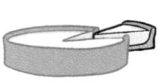

ចំណីកែ

一份飯菜

ម៉ាស៊ីនតុងកាហ្វេអ៊ិចស្ព័រ
ស្ស

義式咖啡機

កៅអីខ្ពស់

高腳椅

វិក្កយបត្រ

帳單

ថាស

托盤

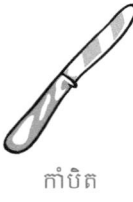

កាំបិត

刀

សម

餐叉

ស្លាបព្រា

勺子

ស្លាបព្រាកាហ្វេ

茶匙

កន្សែងជូតខ្លួន

餐巾

កវ៉ែ

玻璃杯

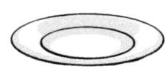

ចានទាប

碟子

ចានស៊ុប

湯盤

ចានទូរនាប់

碟子

ទឹកជ្រុលក់

醬

ដបអំបិល

鹽瓶

បូរដាប់កិនម្រេច

胡椒研磨罐

ទឹកខ្មេះ

醋

បូររង

食用油

គ្រឿងទេស

調味料

ទឹកប៉េងប៉ោះ

番茄醬

ម៉ូតាក

芥末

ទឹកមយ៉ូណេ

美乃滋

ផ្សារទំនើប

超市

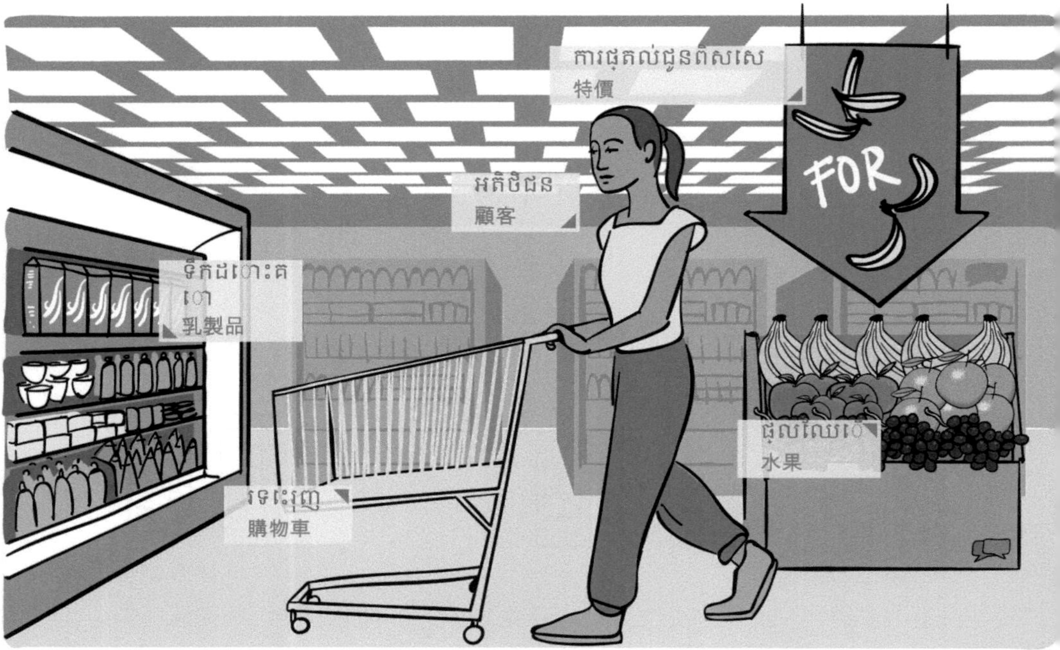

ការផ្តល់ជូនពិសេស
特價
FOR
អតិថិជន
顧客
ទឹកដោះគោ
乳製品
រទេះរុញ
購物車
ផ្លែឈើ
水果

BUTCHERS

ហាងកាប់ជ្រូក

肉鋪

BAKERY

ហាងដុតនំ

麵包店

ថ្លឹង

稱重

បន្លែ

蔬菜

សាច់

肉

អាហារកកលាស្សេ

冷凍食品

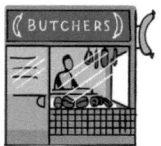

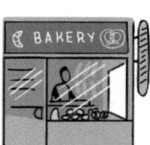

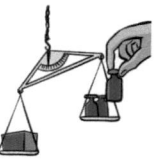

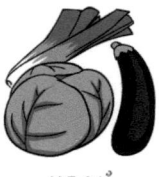

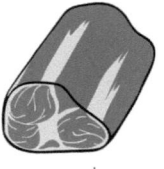

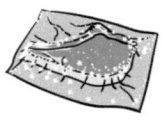

សាច់កុលាសរ

冷盤

អាហារកំប៉ុង

罐頭食品

មុសពេលាង

洗衣粉

សុអរតួរប់

甜食

ផលិតផលកុនុងគ្រួសារ

日用品

ផលិតផលសមុអាត

清潔用品

អ្នកលក់

銷售員

ថតជាក់លុយ

收銀機

បេឡា

收銀員

បញ្ជីទិញទំនិញ

購物清單

ម៉ោងធ្វើការ

開放時間

កាបូបលុយបុរស

錢包

កាតឥណទាន

信用卡

ថង់

袋子

ថង់បុលាសុទិច

塑膠袋

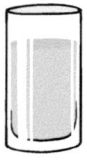

ទឹក

水

ទឹកផ្លែឈើ

果汁

ទឹកដោះគោ

牛奶

កូកាកូឡា

可樂

ស្រា

紅酒

ស្រាបៀរ

啤酒

គ្រឿងស្រវឹង

酒

កាកាវ

可可

តែ

茶

កាហ្វេ

咖啡

កាហ្វេអ៊ិចស្ព្រេស្សូ

義式濃縮咖啡

កាហ្វេកាពូឈីណូ

卡布奇諾

ចេក
香蕉

ផ្លែប៉ោម
蘋果

ផ្លែក្រូច
柳丁

ឪឡឹក
西瓜

ក្រូចឆ្មា
檸檬

ការ៉ុត
胡蘿蔔

ខ្ទឹម
大蒜

ឫស្សី
竹子

ខ្ទឹមបារាំង
洋蔥

ផ្សិត
蘑菇

គ្រាប់ផ្លែឈើ
堅果

មី
麵條

 មីអ៊ីតាលី

義大利麵

ហាយ

米飯

សាឡាត់

沙拉

ដំឡូងចៀន

薯條

ដំឡូងចៀន

炸馬鈴薯

ភីហ្សា

披薩餅

បឺហ្គឺ

漢堡

សាំងវិច

三明治

សាច់ជាប់ឆ្អឹងជំនី

炸豬排

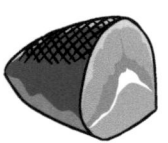

ហាំ

火腿

សាឡាមី

義大利臘腸

សាច់កុរក

香腸

សាច់មាន់

雞肉

អាំង

烤肉

ត្រី

魚

អាវ៉ែនបបរ

燕麥片

មុយ៉ូស្លី

木斯里

ដំឡូងចំណិត

玉米片

មុសៅ

麵粉

នំគ្រួសង់

牛角麵包

នំប៉័ងមុយ៉ាងមូលតូចៗ

麵包捲

នំប៉័ង

麵包

អាំង

吐司

នំប៊ីស្គីត

餅乾

បឺរ

奶油

ទឹកដោះខាប់

凝乳

នំខេក

蛋糕

ស៊ុត

蛋

ស៊ុតចៀន

煎蛋

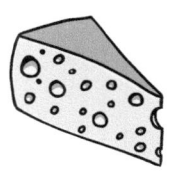

ឈីស

起司

ការ៉េម

冰淇淋

ស្ករ

糖

ទឹកឃ្មុំ

蜂蜜

ជំណាប់

果醬

ក្រែមតាំងម៉ែវ

巧克力醬

ការី

咖哩

ផ្ទះក្នុងកសិដ្ឋាន
農舍

ខ្សែចែងចម្បបើង
稻草捆

ជង្រុក
糧倉

វាលស្រែ
田野

សេះ
馬

រេសណ្ដុជ
ចោង
拖車

គ្រឿងកសិកម្ម
拖拉機

កូនសេះ
馬駒

សត្វលា
驢

សត្វចៀម
羊

កូនចៀម
羔羊

ពពែ
山羊

គោញី
奶牛

កូនគោ
小牛

ជ្រូក
豬

កូនជ្រូក
小豬

គោឈ្មោលពោល
公牛

សត្វក្ងេាន

鵝

ទា

鴨

កូនមាន់

小雞

មមាន់

母雞

មាន់ឈ្មោល

公雞

កណ្ដុរ

鼠

ឆ្មា

貓

កណ្ដុរប្ររមេះ

老鼠

គោឈ្មោល

牛

ឆ្កែ

狗

ផ្ទះឆ្កែ

狗屋

ទុយោទឹក

花園澆水軟管

ធុងស្រោចទឹក

澆水壺

ខ្ទរវែបក

長柄大鐮刀

នង្គ័ល

犁

កណ្ដៀវ
鐮刀

ចបកាប់
鋤頭

នង្គ័ល
長柄草耙

ពូថៅ
斧頭

រទេះរុញ
獨輪手推車

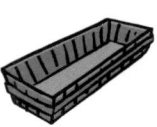

ស្នូក
飼料槽

កំប៉ុងទឹកដោះគោ
牛奶罐

ហាវ
麻布袋

របង
柵欄

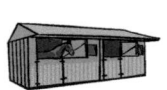

កូរសេះ
馬廄

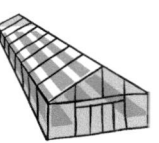

ផ្ទះកញ្ចក់
溫室

ដី
土壤

គុករប់ពូជ
種子

ជី
肥料

ម៉ាស៊ីនប្រមូលផល
聯合收割機

ប្រមូលផល

收割

ការប្រមូលផល

收割

ដំឡូងជួរ

地瓜

ស្រូវសាលី

小麥

សណ្ដែកសៀង

大豆

ដំឡូងជួរ

土豆

ពោត

玉米

គ្រាប់ប្ររង៉វៃ

油菜籽

ដើមឈើហូបផ្លែ

果樹

ដំឡូងមី

樹薯

ចេញញជាតិ

穀物

បំពង់ផ្សែង
煙囪

ដំបូល
屋頂

ទុយបង់ហ្វូរទឹក
落水管

បង្អួច
窗戶

ហ្គារ៉ាស
車庫

កណ្ដឹងទ្វារ
門鈴

ទ្វារ
門

ធុងសំរាម
垃圾桶

ប្រអប់សំបុត្រ
信箱

សួនច្បារ
花園

បន្ទប់ទទួលភ្ញៀវ
客廳

បន្ទប់ទឹក
浴室

ផ្ទះបាយ
廚房

បន្ទប់គេង
臥室

បន្ទប់របស់កុមារ
兒童房

បន្ទប់ទទួលទានអាហារ
餐廳

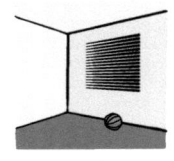

ជាន់

地板

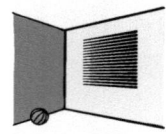

ជញ្ជាំង

牆壁

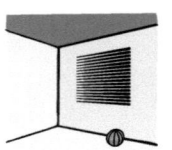

ពិដាន

天花板

បន្ទប់ក្រោមដី

地窖

សូណា

三溫暖

យ៉ៃ

陽臺

ផ្ទៃវៃបសុមឆ្នៃនទៅជមុរល ភ្នំ

露臺

អាងហាលែទឹក

游泳池

ម៉ាស៊ីនកាត់សុមទៅ

割草機

សនុលឹក

被單

កម្រាលគ្របដែកេ

床罩

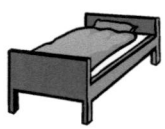

គ្រវី

床

អំបោស

掃帚

ធុង

水桶

កុងតាក់

開關

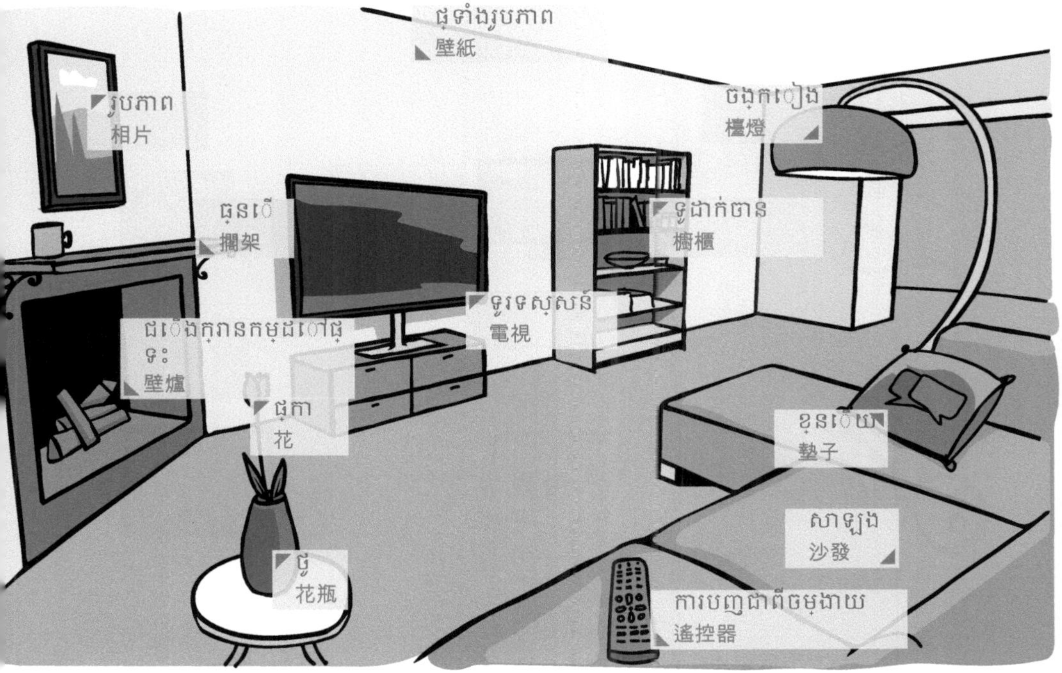

ផ្ទាំងរូបភាព
壁紙

រូបភាព
相片

ចង្កៀងរៀង
檯燈

ធ្នើរវើ
擱架

ទូដាក់ចាន
櫥櫃

ជញ្ជាំងកុក្របានកម្មផ្ដៅផ្ញើ
ទះ
壁爐

ទូរទស្សន៍
電視

ផ្កា
花

ខ្នើយរើយ
墊子

ផ្ថ
花瓶

សាឡុង
沙發

ការបញ្ជាពីចម្ងាយ
遙控器

កម្រាលពុរ
地毯

វាំងនន
窗簾

តុ
餐桌

កៅអី
椅子

កៅអីបាក់ប់ើក
搖椅

កៅអីភ្នាក់ដៃ
扶手椅

សៀវភៅ

書

ភូយ

毯子

ការតុបតែង

裝飾品

អុសដុត

木柴

ខុសភាពយន្ត

電影

ឧបករណ៍ Hi-Fi

高傳真音響

កូនសោ

鑰匙

កាសែត

報紙

តំនូរ

油畫

ផ្ទាំងរូបភាព

海報

វិទ្យុ

收音機

ណូតផតគេ

筆記本

ម៉ាស៊ីនបូមធូលី

吸塵器

ដំបងយកុស

仙人掌

ទៀន

蠟燭

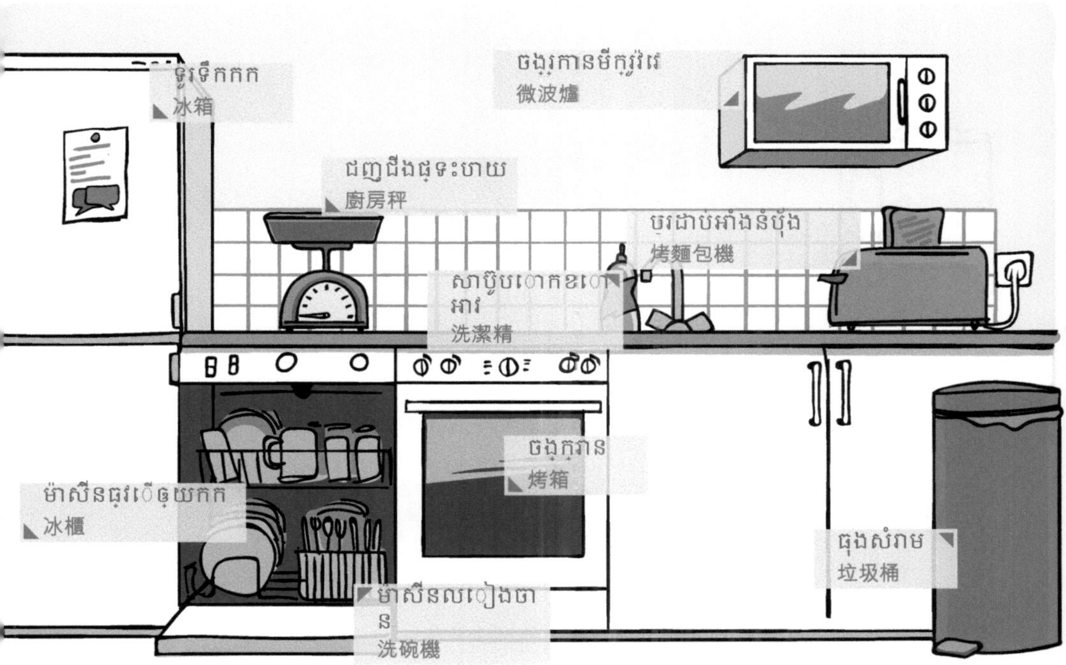

ទូទឹកកក
冰箱

ចង្ក្រានមីក្រូវ៉េ
微波爐

ជញ្ជីងផ្ទះបាយ
廚房秤

ម៉ាស៊ីនផ្ទៃទឹកយកក
冰櫃

ម៉ាស៊ីនលាងចាន
洗碗機

សាប៊ូលាងចាន
洗潔精

ម៉ាស៊ីនលាងចាន

ចង្ក្រ
烤箱

ចង្ក្រាន
烤箱

បរដាបអាំងនំប៉័ង
烤麵包機

ធុងសំរាម
垃圾桶

ចង្ក្រាន

炊具

ឆ្នាំង

鍋

ឆ្នាំងដែក

鑄鐵鍋

ខ្ទះ / ខ្ទះឥណ្ឌា

炒鍋

ខ្ទះ

平底鍋

កំសៀវ

水壺

ឆ្នាំងចំហុយ

蒸鍋

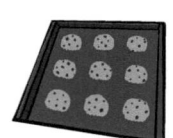

ថាសដុតនំ

烤盤

គ្រឿងចានឆ្នាំងដី

陶瓷鍋

ថូ

馬克杯

ចានតឿម

碗

ចង្កឹះ

筷子

វែកសមុល

長柄勺

វែកកូរ

鏟子

បុរដោបវាយកូរឡេក

攪拌器

តម្រង

濾網

កន្តួង

篩子

បុរដោបកឿសដុង

磨碎機

គុហាល់

研缽

ការអាំងសាច់

燒烤

ចង្ក្រានចំហា

明火

ផ្ទះបាយ - 廚房

ជុរញ្ញ

菜板

បុរដោប់កិនម្សៅ

擀麵杖

បុរដោប់មូរបើកឆុនុកស្រា

開瓶器

កំប៉ុង

罐子

បុរដោប់បើកកំប៉ុង

開罐器

ករុណាត់ទ្រាប់ឆ្នាំង

隔熱手套

កន្លែលែលាងចាន

水槽

ជក់

刷子

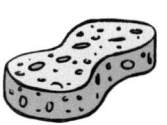

អប៉ុង

海綿

ម៉ាស៊ីនកូរឡ្បេក

攪拌機

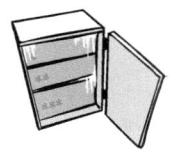

ទូរទឹកកកខ្នាតតូច

冷藏箱

ដបទឹកដោះគោ

奶瓶

រ៉ូប៊ីណេ

水龍頭

កម្មជលៅ
供暖装置

ផ្កាឈូក
淋浴

កន្សែង
毛巾

រាំងននងុតទឹកផ្កាឈូក
浴簾

ការងូតទឹកពពុះ
泡沫浴

អាងងូតទឹក
浴缸

កវែ
玻璃杯

ម៉ាស៊ីនបោកគក់
洗衣機

រូបីណា
水龍頭

ករទ្បាកុបរៀង
瓷磚

ចានបង្គន់
便壺

កន្លែងលាងចាន
水槽

បង្គន់

廁所

បង្គន់អង្គុយ

蹲便器

ផ្ទេីងជម្រះកាយ

坐浴器

កុលំទឹកកនពោម

小便斗

ក្រដាសបង្គន់

廁紙

ច្រាសដុសបង្គន់ន

馬桶刷

ចុរាសដុសធ្មេញ

牙刷

ថ្នាំដុសធ្មេញ

牙膏

ខ្សែទោក់សម្អាតធ្មេញ

牙線

លាង

洗

បូរដោប់ដាក់ដផ្ទៃកាឈ្មក

手持式蓮蓬頭

ទឹកថ្នាំសម្រាប់ហាញ់លាង

沖洗器

អាង

洗臉盆

ចុរាសដុសខ្នង

洗背刷

សាប៊ូ

肥皂

ជលៃសម្រាប់ងូតទឹកផ្កាឈ្មូ
ក

沐浴露

សាប៊ូ

洗髮乳

សកុលាត

法蘭絨

បំផង់បង្ហូរទឹក

排水

កុរមៃ

乳霜

ថ្នាំបំបាត់កុលិនអាកុរក់

除臭劑

កញ្ចក់

鏡子

កញ្ចក់ដៃ

手鏡

បូរដាប់កោរ

刮鬍刀

ហ្ស៊ុមកោរពុកមាត់

刮鬍泡沫

ទឹកលាងក្រោយកោរពុកមាត់រួច

鬍後水

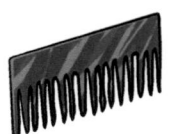

កូរវាស

梳子

ជក់

刷子

បូរដាប់សម្ងួតសក់

吹風機

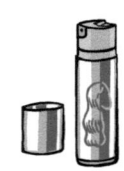

សុតួកយហាញ់សក់

噴髮定型劑

ការតុបតែងមុខ

化妝品

ក្រមេលាបមាត់

唇膏

ថ្នាំលាបក្រចក

指甲油

រោមកប្បាស

化妝棉

កន្ត្រៃកាត់ក្រចក

指甲剪

ទឹកអប់

香水

កាបូបបេាកតត់

洗漱包

លាមក

凳子

ជញ្ជីងថ្លឹងទម្ងន់

計重秤

អាវពាក់ងូតទឹក

浴袍

ស្រោមដៃពៅស្វិ

橡膠手套

ឆ្នុក

衛生棉條

កន្សែងអនាម័យ

衛生棉

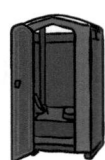

បង្គន់គីមី

化學廁所

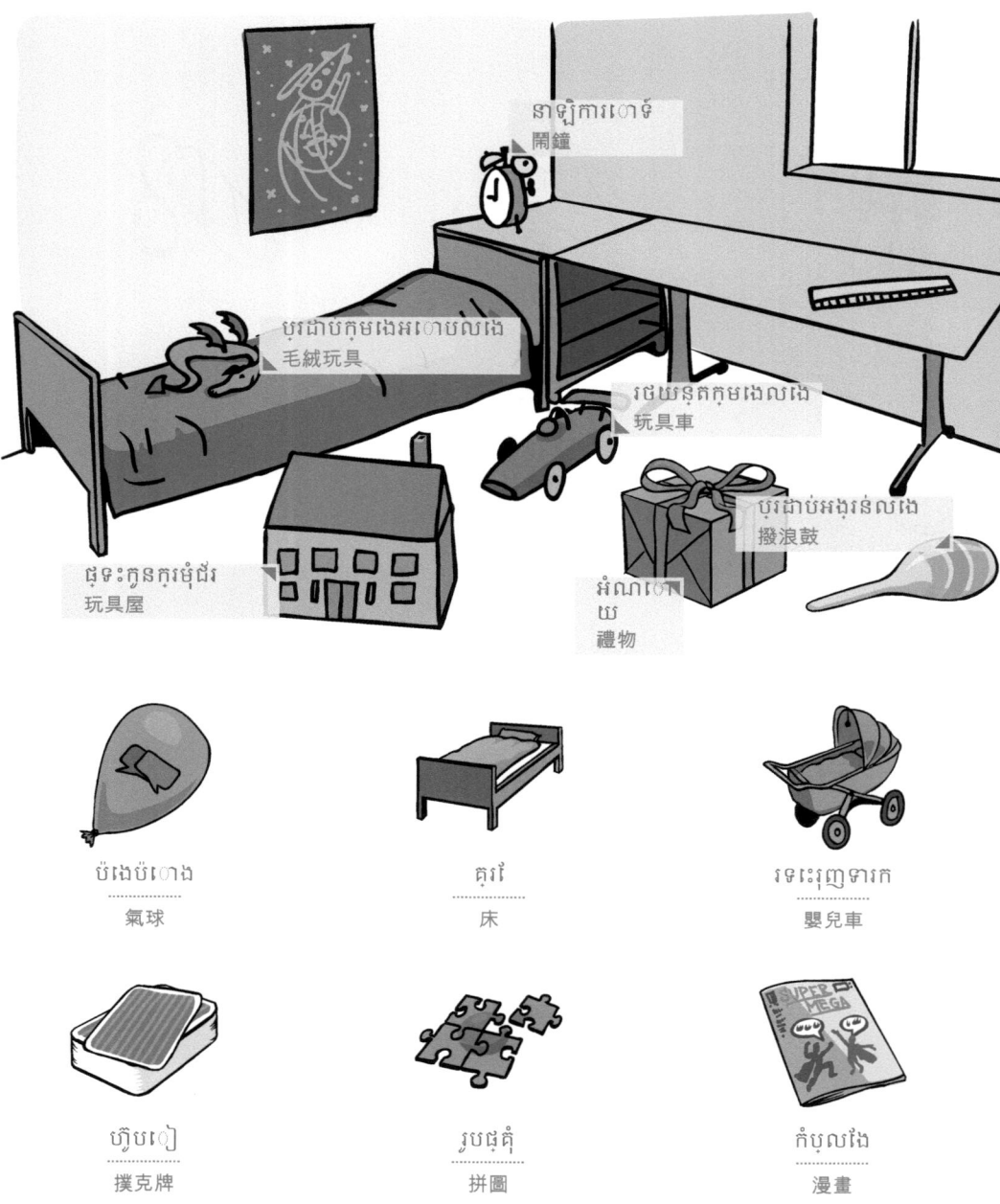

នាឡិការោទ៍
鬧鐘

បុរដាបកុមេងេរោបលដេ
毛絨玩具

រថយន្តកុមេងលដេ
玩具車

ផ្ទះក្មុនកុរម៉ុដ៉រ
玩具屋

បុរដាប់អង្រុនេលដេ
撥浪鼓

អំណោ
យ
禮物

ប៉ងេប៉ោង
氣球

គុរវើ
床

រទេះរុញទារក
嬰兒車

ហ្គ៉ឺប៉េ)
撲克牌

រូបផ្គុំ
拼圖

កំបូលដៃ
漫畫

ឈុដប់ Lego

樂高積木

បុលុកបុរដោប់កុមរងេលេងេ

積木玩具

តួលខេសកម្មភាព

公仔

ខេទោអាវទារក

嬰兒服

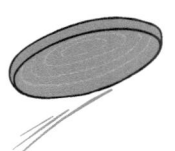

ការគេប់ចាស

飛盤

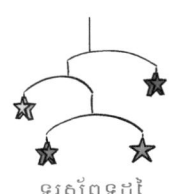

ទូរស័ព្ទមជដៃ

床鈴玩具

កុតារលេបដៃ

棋盤遊戲

គុរាប់ឡូកឡ្បាក់

骰子

ឈុតរថភ្លុលេឹងគួរ

火車模型

រូបសំណាក

安撫奶嘴

គណបកុស

派對

សរៀៀវភេៅរូបភាព

繪本

ហាល់

球

កូនក្រមុំតុក្កតា

洋娃娃

លងេ

玩

ណ្ដោះទៅខ្សាច់

沙坑

ទេង

鞦韆

បុរដាប់កុមងេលងេ

玩具

កុងសូលវីដេអូហ្គតមេ

電玩遊戲

គ្រីចក្រយានយន្ត

三輪車

តុក្កតាខុណាយម៉ុ

泰迪熊

ទូខោអាវ

衣櫃

ស្រោមជេីង

襪子

ស្រោមជេីងវែង

長襪

ខោទុរនាប់នារី

緊身褲

កន្សែង
圍巾

ឆ័ត្រ
雨傘

ខ្សែក្រវាត់
皮帶

អាវយឺត
T恤

ស្បែកជេីងកីឡា
運動鞋

ស្បែកជេីងករវៃង
靴子

ស្បែកជេីងពាក់នៅ...ផ្ទះ
拖鞋

ស្បែកជេីងសង្រែក
涼鞋

ស្បែកជេីង
鞋

ស្បែកជេីងករវៃងកពៅស្លី
雨靴

ខោទ្រនាប់បុរស
內褲

អាវទ្រនាប់
胸罩

អាវកាក់
背心

រាងកាយ

身體

ខោវែង

褲子

ខោខូវប៊យ

牛仔褲

សំពត់

短裙

អាវកូរ៉ៅ

女式襯衫

អាវ

襯衫

អាវយឺត

套頭衫

អាវយឺត

連帽上衣

អាវធំ

西裝夾克

អាវកូរ៉ៅ

夾克

អាវធំ

外套

អាវភ្លៀង

雨衣

គុររៀងតង

套裝

អាវរ៉ែ

連衣裙

សំលៀកបំពាក់អាពាហ៍ពិពា ហ៍

婚紗

សម្លៀកបំពាក់ - 衣服

ខោអាវឈុត
西裝

រូបរាគ្រី
睡袍

ឈុតគេង
睡衣

សារី
莎麗

កន្សែងដូតកុហារ
頭巾

ឆ្នួត
包頭巾

សុបម៉ុខ
波卡

kaftan
卡夫坦

abaya
(阿拉伯式)長袍

ឈុតហាលែទឹក
泳衣

ខោខ្លី
男式泳褲

ខោខ្លី
短褲

ឈុតហាត់កីឡា
運動服

អាវអៀម
圍裙

ស្រោមដៃ
手套

ឡៀរអោរ

鈕扣

វ៉ែនតា

眼鏡

ខ្សែដៃ

手鏈

ខ្សែក

項鍊

ចិញ្ចៀន

戒指

កុវិល

耳環

មួក

便帽

បរដាប់ពួយអោរកុរៅ

衣架

មួក

帽子

កុរវាត់ក

領帶

រូត

拉鍊

មួកសុរវត្ថិភាព

安全帽

ខ្សែវៃ

背帶

ឯកសណ្ឋានសាលា

校服

ឯកសណ្ឋាន

制服

សម្ភាររៀៀកបំពាក់ - 衣服

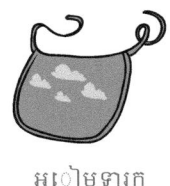

អៀមទារក

圍兜

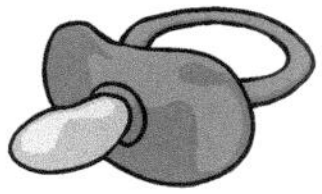

រូបសំណាក

安撫奶嘴

ខោទឹកនោម

尿布

ការិយាល័យ

辦公室

ម៉ាស៊ីនមេ 伺服器
ទូឯកសារ 檔案櫃
ម៉ាស៊ីនបោះពុម្ព 印表機
ក្រដាស 紙
ម៉ូនីទ័រ 螢幕
កណ្ដុរ 滑鼠
តុការិយាល័យ 辦公桌
សឺមី 資料夾
ក្ដារចុច 鍵盤
កន្ត្រកដាក់សំរាមក្រដាស 廢紙簍
កុំព្យូទ័រ 電腦
កៅអី 椅子

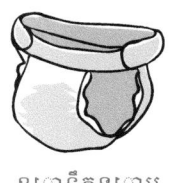

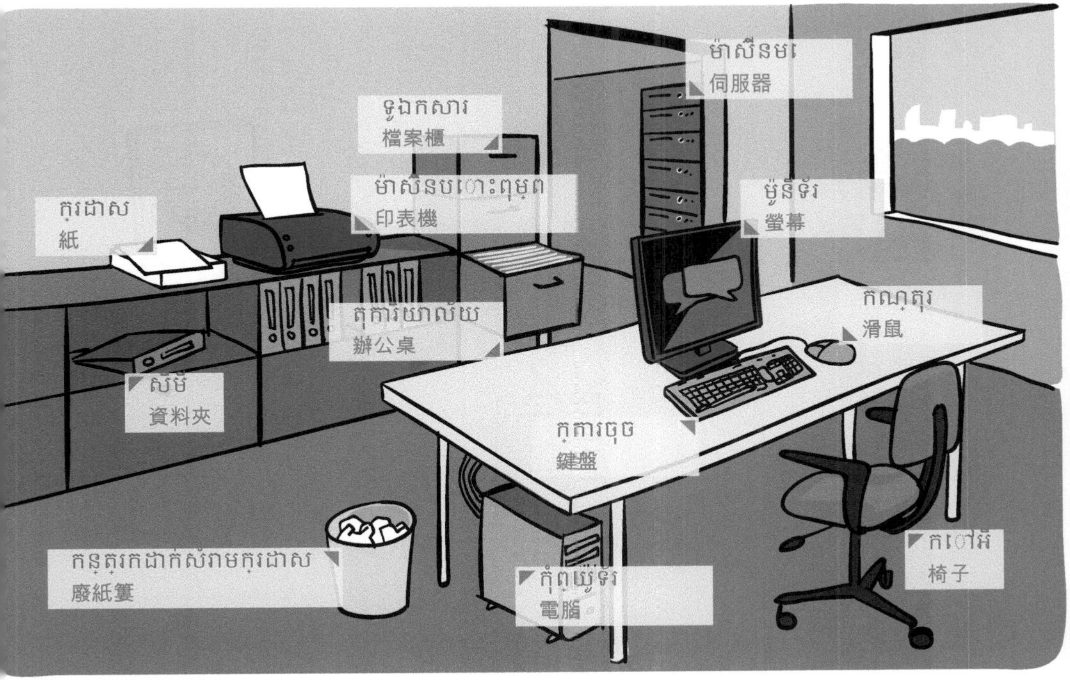

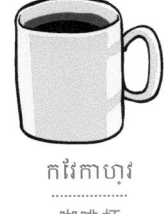

កែវកាហ្វេ

咖啡杯

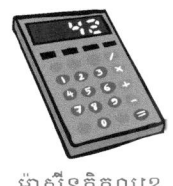

ម៉ាស៊ីនគិតលេខ

計算機

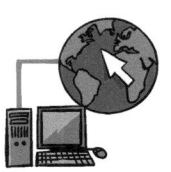

អ៊ីនធឺណិត

網際網路

កុំព្យូទ័រយួរដៃ

筆記型電腦

លិខិត

信件

សារ

簡訊

ទូរស័ព្ទដៃ

行動電話

បណ្តាញ

網路

ម៉ាស៊ីនថតចម្លង

影印機

សូហ្វវែរ

軟體

ទូរស័ព្ទ

電話

នន្ទជដៗត

插座

ម៉ាស៊ីនទូរសារ

傳真機

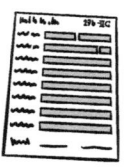

ទម្រង់បែបបទ

表格

ឯកសារ

檔案

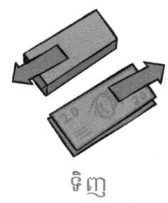

ទិញ

買

បង់ប្រាក់

付錢

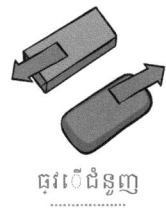

ផ្ទេរលើជំនួញ

交易

លុយ

現金

ប្រាក់ដុល្លារ

美元

ប្រាក់អឺរ៉ូ

歐元

ប្រាក់យ៉េន

日元

ប្រាក់រូបិល

盧布

ហ្វ្រង់ស្វ៊ីស

瑞士法郎

ប្រាក់យ័ន

人民幣

ប្រាក់រូពី

盧比

កន្លែងដែលប្រើសាច់ប្រាក់

提款處

ការិយាល័យបូរូរបូរាក់

外幣兌換處

មាស

金

បូរាក់

銀

បូរ៉ង

石油

ថាមពល

能源

តម្លៃ

價格

កិច្ចសន្យា

合約

ពន្ធ

稅金

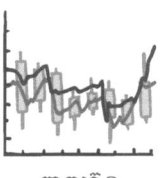

ភាគហ៊ុន

股票

ធ្វើរៀបការ

工作

បុគ្គលិក

職員

និយោជក

老闆

រោងចក្រ

工廠

ហាង

商店

មុខរបរ
職業

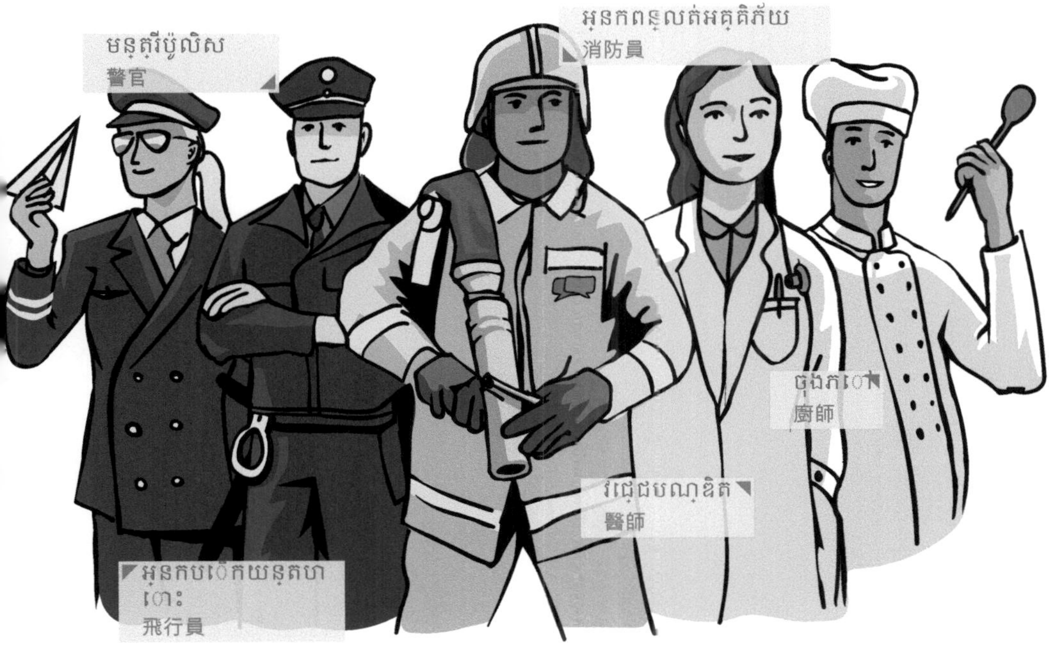

មន្ត្រីប៉ូលិស
警官
អ្នកពន្លត់អគ្គិភ័យ
消防員
ចុងភៅ
廚師
វេជ្ជបណ្ឌិត
醫師
អ្នកបើកយន្តហោះ
飛行員

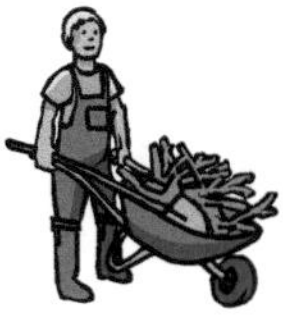

អ្នកថែសួន

園丁

ជាងឈើ

木匠

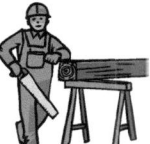

ជាងកាត់ដេរ

裁縫

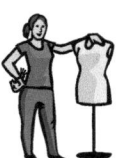

ចៅក្រម

法官

គីមីវិទូ

化學家

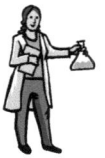

តួកុន

演員

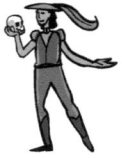

អ្នកបើកឡានក្រុង

公車司機

អ្នកបើកតាក់ស៊ី

計程車司機

អ្នកនេសាទ

漁夫

ស្ត្រីអ្នកសម្អាត

清洗女工

ជាងដំបូល

屋頂工

អ្នករត់តុ

服務生

អ្នកបរបាញ់សត្វ

獵人

វិចិត្រករ

畫家

អ្នកដុតនំ

麵包師

ជាងអគ្គីសនី

電工

ជាងសំណង់

建築工人

វិស្វករ

工程師

អ្នកកាប់សាច់

屠夫

ជាងជួសជុលទុយោរទឹក

水管工

អ្នករត់សំបុត្រ

郵差

ទាហាន

士兵

ស្ថាបត្យករ

建築師

បេឡា

收銀員

អ្នកលក់ផ្កា

花農

អ្នកអ៊ិតសក់

理髮師

អ្នកយកលុយ

售票員

ជាងម៉ាស៊ីន

機械技師

កាពីទែន

船長

ពទ្យេធ្មេញ

牙醫

អ្នកវិទ្យាសាស្ត្រ

科學家

គ្រូបង្រៀនច្បាប់សញ្ជាតិ
ជ្វីហ្វរ

拉比

លោកសង្ឃយចាម

伊瑪目

ព្រះសង្ឃយ

和尚

បព្វជិត

牧師

ឧបករណ៍

工具

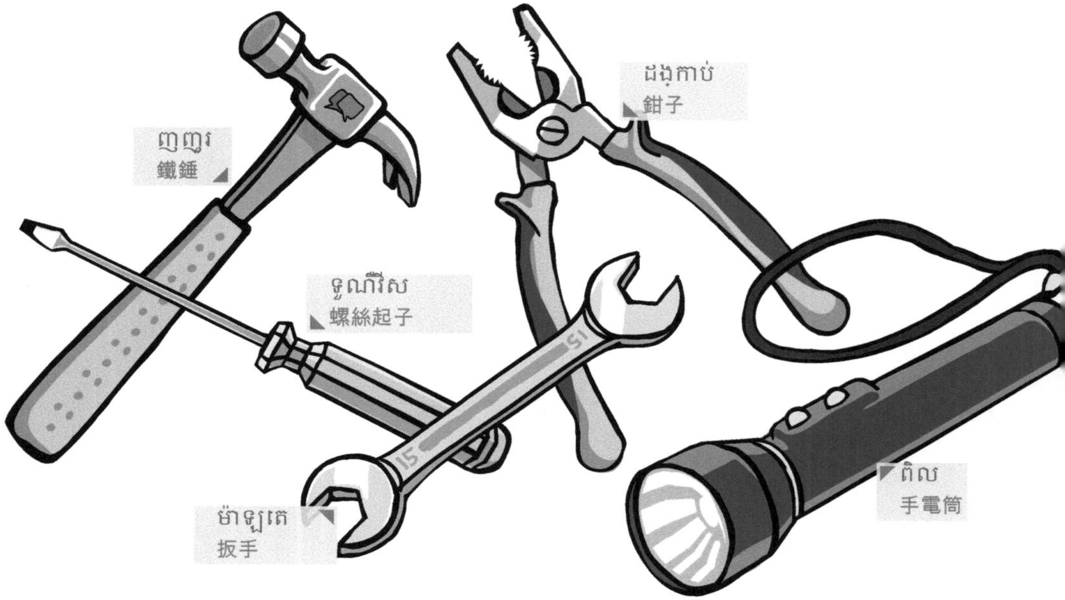

ញញួរ
鐵錘
ដង្កាប់
鉗子
ទួណឺវីស
螺絲起子
ម៉ាឡេត
扳手
ពិល
手電筒

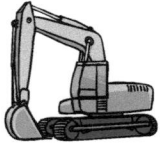

ម៉ាស៊ីនជីក
挖掘機

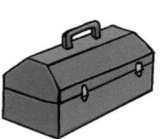

ប្រអប់ឧបករណ៍
工具箱

ជណ្ដើរ
梯子

រណារ
鋸子

ដែកគោល
釘子

ប្រដាប់ស្វាន
鑽機

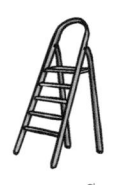

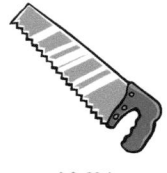

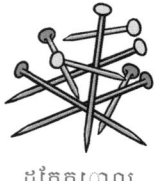

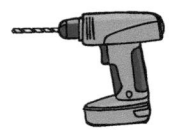

ជួសជុល

修

ប៉ែល

鏟子

ចង្រៃ!

糟糕！

បុរដាប់ចូកធូលី

畚箕

ធុងថ្នាំពណ៌

油漆桶

វីស

螺絲

ឧបករណ៍តន្ត្រី
樂器

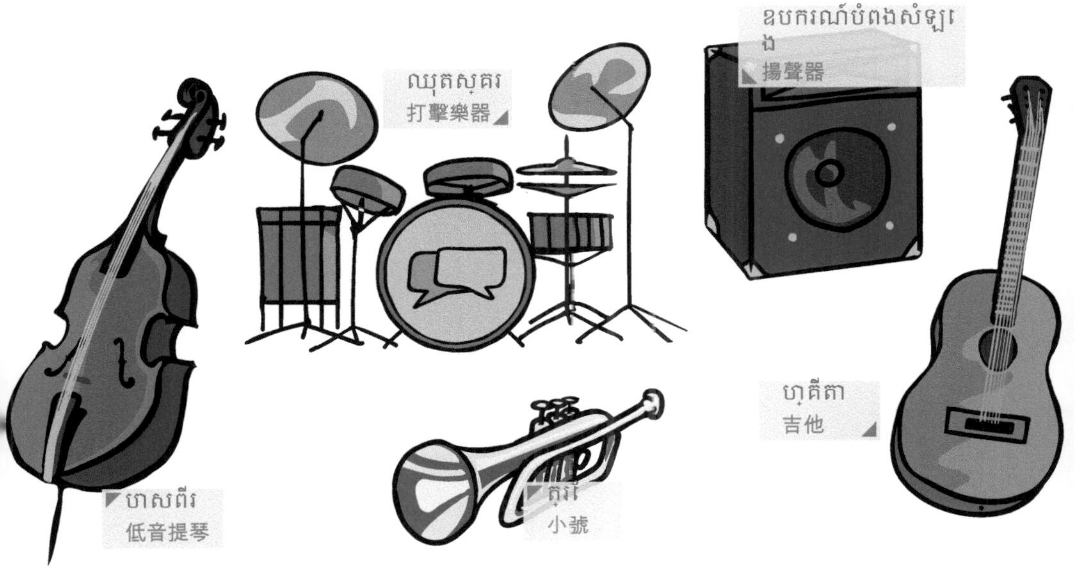

ណុតស្ងួតរ
打擊樂器 ◢

ឧបករណ៍បំពងសំឡេង
揚聲器

ហាសពីរ
低音提琴

ត្រ៉ូវ
小號

ហ្គីតា
吉他 ◢

ពុយាណូ

鋼琴

វីយ៉ូឡុង

小提琴

ហាស

貝斯

សូតរពាសសូបកែមុយ៉ាង

定音鼓

សូតរ

鼓

យីបត

電子琴

សាក់សូហ្វូន

薩克斯風

ខ្លុយ

長笛

មីក្រូហ្វូន

麥克風

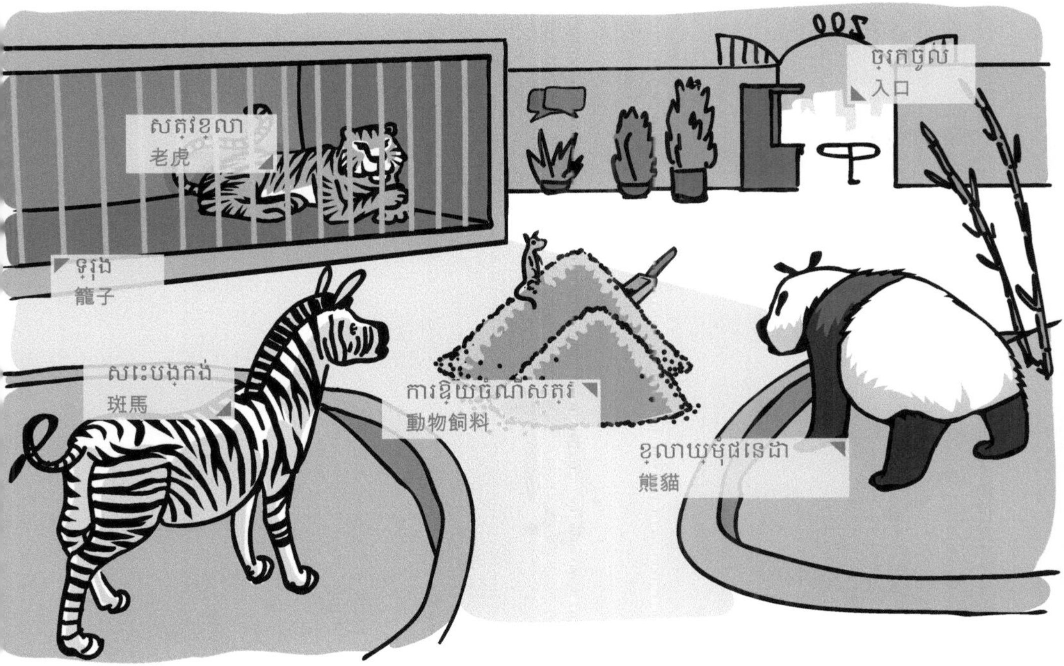

សត្វខ្លា
老虎

ទ្រុង
籠子

ច្រកចូល
入口

សារេបេងកង់
斑馬

ការខ្វិយចំណីសត្វ
動物飼料

ខ្លាឃ្មុំផេនដា
熊貓

សត្វ
動物

សត្វដំរី
大象

សត្វកង់ហ្គារូ
袋鼠

សត្វរមាស
犀牛

សត្វស្វាហ្គុតរីឡា
大猩猩

ខ្លាឃ្មុំពណ៌ត្នោត
熊

សត្វអូដ្ឋ

駱駝

សត្វអូទ្រុស

鴕鳥

សត្វតោ

獅子

ស្វា

猴子

សត្វក្ររៀល

紅鶴

សកែ

鸚鵡

ខ្លាឃ្មុំតំបន់ប៉ូល

北極熊

ជនេប៉ូវ៉ិន

企鵝

ត្រីឆ្លាម

鯊魚

ក្ងោក

孔雀

សត្វពស់

蛇

ក្រពើ

鱷魚

អ្នករក្សាសួនសត្វ

動物園管理員

ឆ្មាទឹក

海豹

ខ្លារខិនមម្យ៉ាង

美洲豹

កូនសេះ

矮種馬

ខ្លារខិន

豹

សត្វដីរទឹក

河馬

សត្វករវៃង

長頸鹿

ឥន្ទ្រី

老鷹

ជ្រូក

野豬

ត្រី

魚

អណ្ដើក

龜

លោមមច្ឆា

海象

កញ្ជ្រោង

狐狸

ក្ដាន់

羚羊

កីឡា
體育

កីឡាហាល់ទាត់អាមេរិក
橄欖球

ការបរណាំងកង់
騎腳踏車

កីឡាថេនីស
網球

កីឡាហាល់បះោះ
籃球

កីឡាហាលែទឹក
游泳

កីឡាប្រដាល់
拳擊

កីឡាវាយកូនហាល់លើទឹកកក
冰球

កីឡាហាល់ទាត់
美式足球

កីឡាវាយស៊ី
羽毛球

អត្តពលកម្ម
田徑

កីឡាហាល់កាន់
手球

ការជិះស្គី
滑雪

ប៉ូឡូ
馬球

62　　　　កីឡា - 體育

សលោត
跳

និប
擁抱

ច្រៀង
唱

សសើច
笑

ដើរ
走路

សុបិន្ត
做夢

អធិស្ឋាន
祈禱

ថើប
親吻

សរសេរ
書寫

គូរ
畫

បង្ហាញ
展示

រញ
推

ថ្វាយ
給

យក
拿

មាន

有

ធ្វើរើ

做

គឺ

當

ឈរ

站

រត់

跑

ទាញ

拉

បោះ

丟

ធ្លាក់

摔倒

កុហាក

躺

រង់ចាំ

等待

យួរ

攜帶

អង្គុយ

坐

សួលៀកពាក់

穿衣

ដេក

睡覺

ភ្ញាក់ឡ្បឺង

醒來

មេីល

看

យំ

哭

គូសវាស

擊

សិតសក់

梳頭

និយាយ

交談

យល់

明白

សួរ

問

ស្ដាប់

聽

ជឹក

喝

បរិភោគ

吃

សម្អាត

清理

សុរលាញ់

愛

ចម្អិន

做飯

បេីកបរ

開車

ហោះ

飛

ចេកទូក

航行

គណនា

計算

អាន

讀

រៀន

學習

ធ្វើការ

工作

រៀបការ

結婚

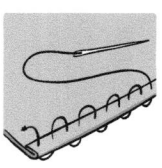

ដេរ

縫

ដុសធ្មេញ

刷牙

សម្លាប់

殺

ជក់

抽菸

ផ្ញើរ

寄

ជីដូន
祖母

ជីតា
祖父

ខ្ញុំពុក
父親

មុតាយ
母親

ទារក
嬰兒

កូនស្រី
女兒

កូនបុ្រស
兒子

ក្ញញៀរ
客人

មីង
阿姨

ពូ
叔叔

បងប្អូនបុ្រស
兄弟

បងប្អូនស្រី
姐妹

រាងកាយ

身體

ថ្ងាស
前額
ភ្នែក
眼睛
មុខ
臉
ចង្កា
下巴
សុដន់
乳房
ម្រាមដៃ
手指
ដៃ
手
ដៃ
手臂
ស្មា
肩膀
ជើង
腿

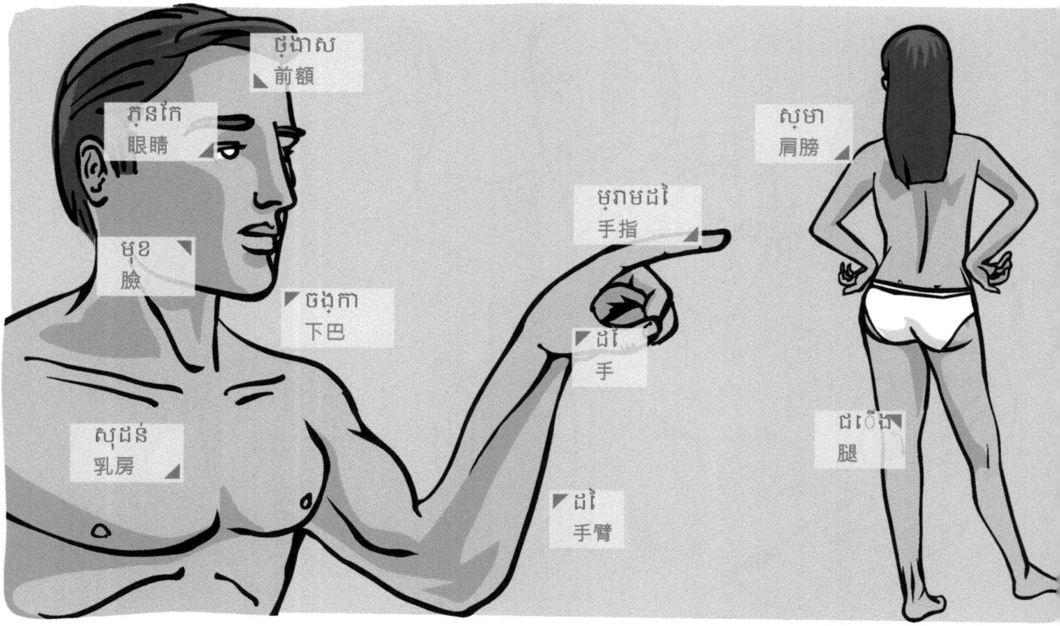

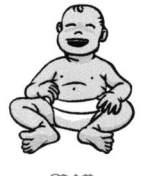

ទារក

嬰兒

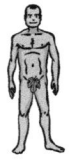

បុរស

男人

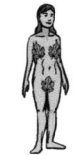

ស្ត្រី

女人

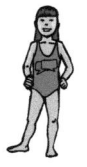

ក្មេងស្រី

女孩

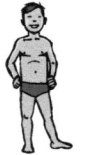

ក្មេងប្រុស

男孩

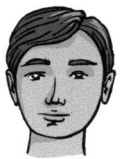

ក្បាល

頭

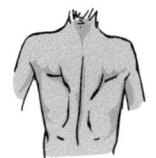

ខ្នង

背部

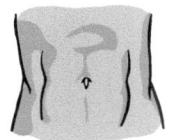

ពោះ

肚子

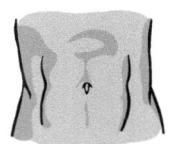

ផ្ចិត

肚臍

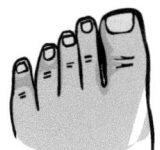

ម្រាមជើង

腳趾

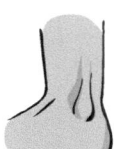

កែងជើង

腳後跟

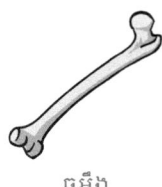

ឆ្អឹង

骨頭

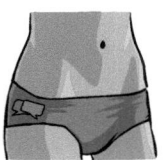

គូទគាក

臀部

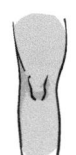

ជង្គង់

膝蓋

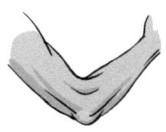

កែងដៃ

手肘

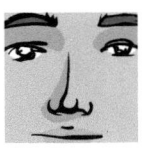

ច្រមុះ

鼻子

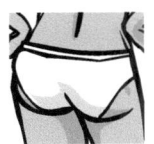

គូទ

屁股

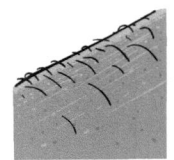

ស្បែក

皮膚

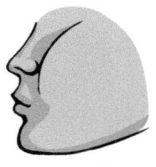

ថ្ពាល់

臉頰

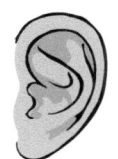

ត្រចៀក

耳朵

បបូរមាត់

嘴唇

រាងកាយ - 身體

មាត់

嘴

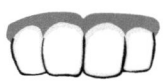

ធ្មេញ

牙齒

អណ្ដាត

舌頭

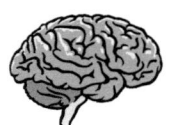

ខួរក្បាល

腦

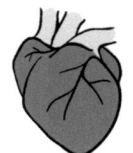

បេះដូង

心臟

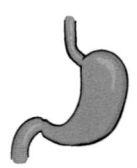

សាច់ដុំ

肌肉

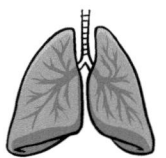

សួត

肺

ថ្លើម

肝臟

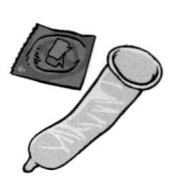

ក្រពះ

胃

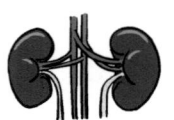

តម្រងនោម

腎臟

ការរួមភេទ

性交

ស្រោមអនាម័យ

保險套

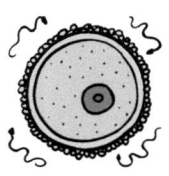

អូវុល

卵子

ទឹកកាម

精子

ការមានផ្ទៃពោះ

懷孕

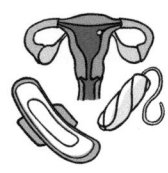

មករដូវ

月事

ទ្វារមាស

陰道

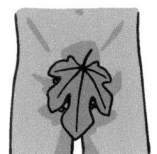

លិង្គ

陰莖

ចិញ្ចើមភ្នែក

眉毛

សក់

頭髮

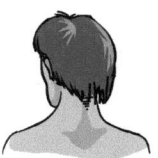

ក

脖子

មន្ទីរពេទ្យ
醫院

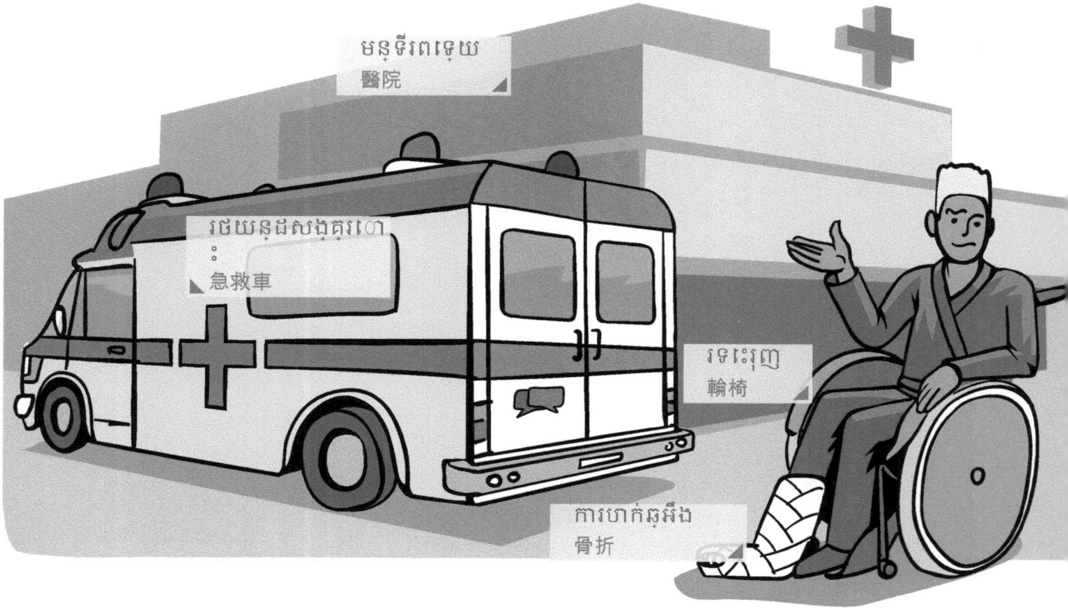

មន្ទីរពេទ្យ
醫院
រថយន្តសង្គ្រោះ
急救車
រទេះរុញ
輪椅
ការបាក់ឆ្អឹង
骨折

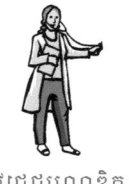

វេជ្ជបណ្ឌិត
醫師

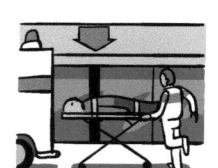

បន្ទប់សង្គ្រោះបន្ទាន់
急診室

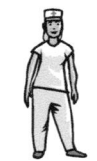

គិលានុបដ្ឋាយិកា
護理師

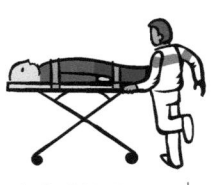

សង្គ្រោះបន្ទាន់
緊急情形

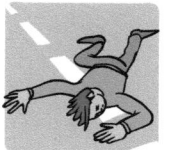

សន្លប់
昏迷

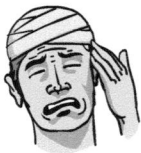

ការឈឺចាប់
痛

ការរងរបួស

受傷

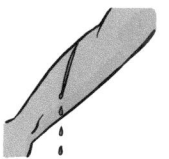

ការហូរឈាម

出血

គាំងបេះដូង

心臟病發作

ជម្ងឺដាច់សរសៃឈាមក្នុង
ក្បាល

中風

អាលែកហ្សី

過敏

ក្អក

咳嗽

ជំងឺគ្រុន

發燒

ជំងឺផ្តាសាយ

流感

ជំងឺរាគរូស

腹瀉

ឈឺក្បាល

頭痛

ជំងឺមហារីក

癌症

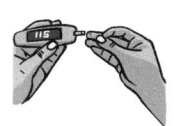

ជំងឺទឹកនោមផ្អែម

糖尿病

គ្រូពេទ្យវះកាត់

外科醫師

កាំបិតវះកាត់

手術刀

ប្រតិបត្តិការ

手術

CT

電腦斷層掃描

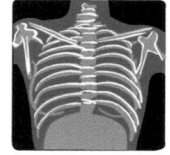

កាំរស្មីអ៊ិច

X光

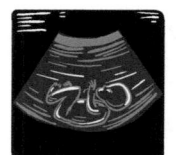

អេកូ

超音波

របាំងមុខ

口罩

ជំងឺ

疾病

រង់ចាំបន្ទប់

候診室

ឈើច្រត់

拐杖

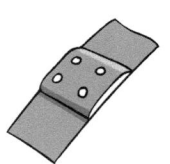

មុនាងសិលា

石膏

បង់រុំ

繃帶

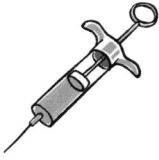

ការចាក់ថ្នាំ

注射

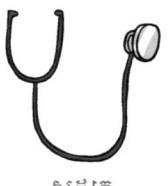

ស្ដេតូស្កុប

聽診器

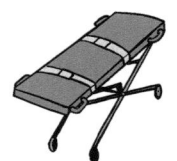

សូនដែងប្លេស

擔架

ទែម៉ូម៉ែត្រពេទ្យ

體溫計

កំណើត

出生

លើសទម្ងន់

超重

ឧបករណ៍ជំនួយការស្ដាប់
助聽器

សារធាតុសម្លាប់មេរោគ
消毒液

ការឆ្លងមេរោគ
感染

មេរោគ
病毒

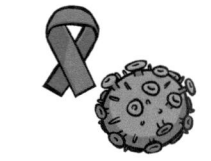

មេរោគអេដស៍ / ជំងឺអេដស៍
愛滋病

ថ្នាំពេទ្យ
藥物

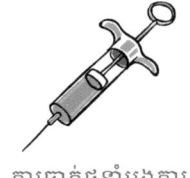

ការចាក់ថ្នាំបង្ការ
接種疫苗

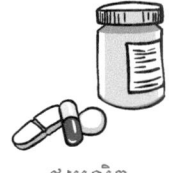

ថេប្បលិត
藥片

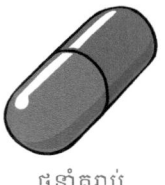

ថ្នាំគ្រាប់
藥丸

ការហៅទៅលេខអាសន្ន
急救電話

ឧបករណ៍ពិនិត្យសម្ពាធ
ឈាម
血壓計

ឈឺ / មានសុខភាពល្អ
生病/健康

ជំនួយ!

救命！

សំឡេងរោទ៍

警報

ការវាយលុក

突擊

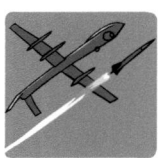

ការវាយប្រហារ

攻擊

គួរពោះថ្នាក់

危險

ច្រកចេញគ្រាអាសន្ន

緊急出口

អគ្គីភ័យ!

失火了！

បំពង់ពន្លត់អគ្គិភ័យ

滅火器

គួរពោះថ្នាក់

意外

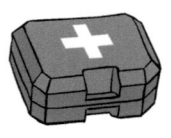

ឧបករណ៍ជំនួយបឋម

急救箱

SOS

呼救訊號

ប៉ូលិស

員警

អឺរ៉ុប

歐洲

អាមេរិកខាងជើង

北美洲

អាមេរិកខាងត្បូង

南美洲

អាហ្រ្វិក

非洲

អាស៊ី

亞洲

អូស្ត្រាលី

澳洲

អាត្លង់ទិច

大西洋

ប៉ាស៊ីហ្វិក

太平洋

មហាសមុទ្រឥណ្ឌា

印度洋

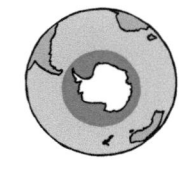

មហាសមុទ្រអង់តាក់ទិច

南冰洋

មហាសមុទ្រអាកទិច

北冰洋

ប៉ូលខាងជើង

北極

ប៉ូលខាងត្បូង

南極

អង់តាក់ទិក

南極洲

ផែនដី

地球

ដីគោក

陸地

សមុទ្រ

海

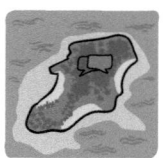

កោះ

島

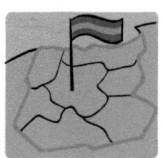

បុរទេសជាតិ

國家

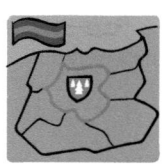

រដ្ឋ

州

មុខនាឡិកា

錶盤

ទ្រនិចម៉ោង

時針

ទ្រនិចនាទី

分針

ទ្រនិចវិនាទី

秒針

ម៉ោងប៉ុន្មាន?

現在幾點?

ថ្ងៃ

天

ពេលវេលា

時間

ឥឡូវនេះ

現在

នាឡិកាឌីជីថល

電子錶

នាទី

分

ម៉ោង

時

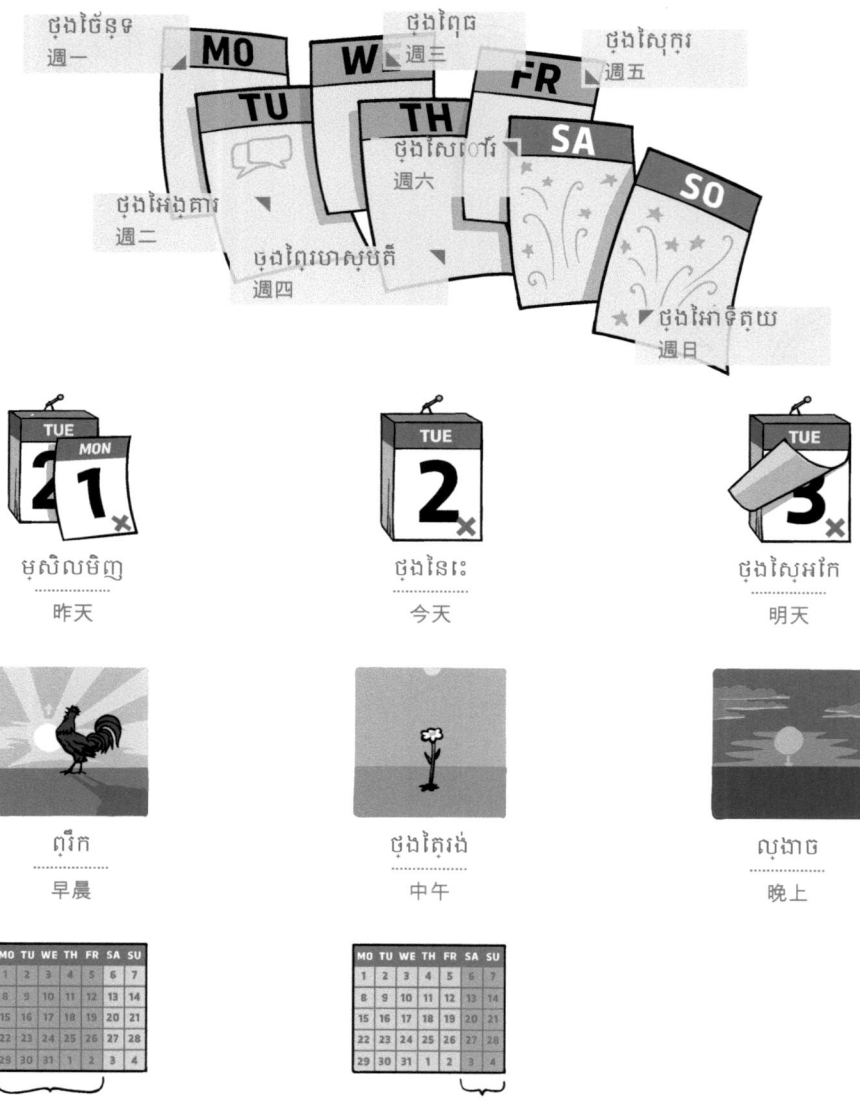

ចុងថ្ងៃចន្ទ
週一

ចុងថ្ងៃពុធ
週三

ចុងថ្ងៃសុក្រ
週五

ចុងថ្ងៃអង្គារ
週二

ចុងថ្ងៃសៅរ៍
週六

ចុងថ្ងៃព្រហស្បតិ៍
週四

ចុងថ្ងៃអាទិត្យ
週日

មុសិលមិញ
昨天

ចុងនៃរៈ
今天

ចុងថ្ងៃស្អែកកៃ
明天

ព្រឹក
早晨

ចុងថ្ងៃត្រង់
中午

ល្ងាច
晚上

ចុងថ្ងៃធ្វើការ
工作日

ចុងសប្តាហ៍
週末

ទឹកភ្លៀងធ្លាក់

雨

ពន្លឺចន្ទ

彩虹

ខ្យល់

風

ព្រិល

雪

និទាឃរដូវ

春

រដូវក្តៅ

夏

រដូវស្លឹកឈើជ្រុះ

秋

រដូវរងារ

冬

ការព្យាករណ៍អាកាសធាតុ

天氣預告

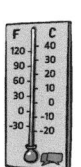

ទែម៉ូម៉ែត្រ

溫度計

ពន្លឺចុងវៃ

陽光

ពពក

雲

អ័ព្ទ

霧

សំណើម

潮濕

រន្ទះ

閃電

ផ្គរ

打雷

ពុយុះ

風暴

ព្រិល

冰雹

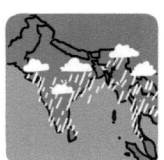

ខ្យល់មូសុង

季風

ទឹកជំនន់

洪水

ទឹកកក

冰

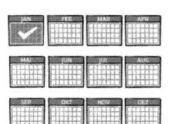

ខែមករ

一月

ខែកុម្ភៈ

二月

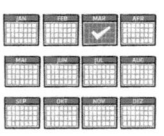

ខែមីនា

三月

ខែមេសា

四月

ខែឧសភា

五月

ខែមិថុនា

六月

ខែកក្កដា

七月

ខែសីហា

八月

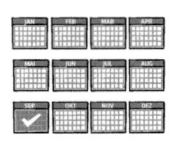

ខែកញ្ញា

九月

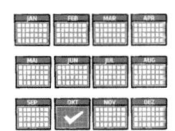

ខែតុលា

十月

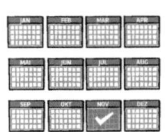

ខែវិច្ឆិកា

十一月

ខែធ្នូ

十二月

រាង

形狀

រង្វង់

圓形

ការ៉េ

正方形

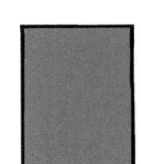

ចតុកោណកែង

長方形

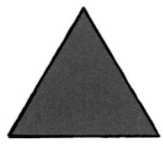

ត្រីកោណ

三角形

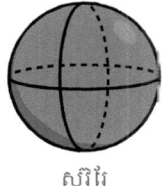

ស្វ៊ែរ

球體

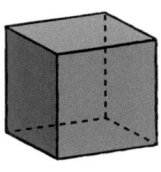

គូប

立方體

ពណ៌ស

白

ពណ៌លឿង

黄

ពណ៌ទឹកក្រូច

橙

ពណ៌ផ្កាឈូក

粉

ពណ៌ក្រហម

紅

ពណ៌ស្វាយ

紫

ពណ៌ខៀវ

藍

ពណ៌បៃតង

綠

ពណ៌ទឹកក្រូច

棕

ពណ៌ប្រផេះ

灰

ពណ៌ខ្មៅ

黑

ចុរវើន / តិចតួច

很多/少許

ខឹង / គួរជាក់ចិត្ត

生氣/平靜

សុរស់សុអាត / អាក្រក់

美/醜

ចាប់ផ្តុតឡើម / បញ្ចប់

首/尾

ធំ / តូច

大/小

ភ្លឺ / ងងឹត

明/暗

បងប្អូនប្រុស / បងប្អូនស្រី

兄弟/姐妹

សុអាត / កខ្វក់

乾淨/骯髒

ពេញលេញ / មិនពេញលេញ

完整/缺失

ថ្ងៃ / យប់

白天/晚上

សុលាប់ / នៅរស់

死/生

ធំទូលាយ / តូចចង្អៀត

寬/窄

អាចបរិភោគបាន /
មិនអាចបរិភោគបាន

可食用/非食用

ចិត្តអាក្រក់ / ចិត្តល្អ

邪惡/善良

ការរំភើប / អផ្សុក

興奮/無聊

ធាត់ / ស្គម

胖/瘦

ដំបូង / ចុងក្រោយ

第一/最後

មិត្តភក្តិ / សត្រូវ

朋友/敵人

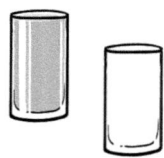

ពេញ / ទទេ

滿/空

រឹង / ទន់

硬/軟

ធ្ងន់ / ស្រាល

重/輕

ភាពអត់ឃ្លាន /
ការស្រេកឃ្លាន

餓/渴

ឈឺ / មានសុខភាពល្អ

生病/健康

ខុសច្បាប់ / ត្រូវច្បាប់

非法/合法

ឆ្លាតវៃ / ឆ្កួត

聰明/愚笨

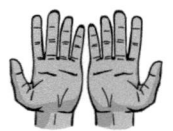

ឆ្វេង / ស្តាំ

左/右

ជិត / ឆ្ងាយ

近/遠

86

ផ្ទុយគ្នា - 反義詞

ថ្មី / ហានបុរេៃ

新/舊

គ្មានអ្វីសោះ / អ្វីខ្លួយ

沒有/有些

ចាស់ / ក្មេង

老/幼

បេៃក / បិទ

開/關

បេៃក / បិទ

打開/闔上

ស្ងប់ស្ងាត់ / ពុខ្លាំង

安靜/吵鬧

មាន / ក្រ

富/窮

ត្រូវ / ខុស

對/錯

គ្រុគើម / រលៀង

粗糙/光滑

ពិហាកចិត្ត / សប្បាយចិត្ត

傷心/高興

ខ្លី / វែង

短/長

យឺត / លឿន

慢/快

សជើម / ស្ងួត

濕/乾

ក្តៅ / គ្រជាក់

溫暖/涼爽

សង្គ្រាម / សន្តិភាព

戰爭/和平

0

ស្សុន្យ

零

1

មួយ

一

2

ពីរ

二

3

បី

三

4

បួន

四

5

ប្រាំ

五

6

ប្រាំមួយ

六

7

ប្រាំពីរ

七

8

ប្រាំបី

八

9

ប្រាំបួន

九

10

ដប់

十

11

ដប់មួយ

十一

12
ដប់ពីរ

十二

13
ដប់បី

十三

14
ដប់បួន

十四

15
ដប់ប្រាំ

十五

16
ដប់ប្រាំមួយ

十六

17
ដប់ប្រាំពីរ

十七

18
ដប់ប្រាំបី

十八

19
ដប់ប្រាំបួន

十九

20
ម្ភៃ

二十

100
រយ

百

1.000
ពាន់

千

1.000.000
លាន

百萬

អង់គ្លេស
英語

អង់គ្លេសអាមេរិក
美式英語

ចិនកុកងឺ
普通話

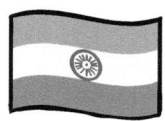

ហិណ្ឌូ
印地語

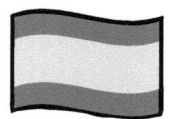

អេស្ប៉ាញ
西班牙語

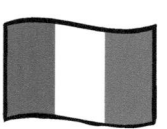

ហារាំង
法語

អារ៉ាប់
阿拉伯語

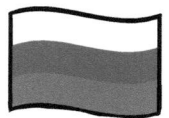

រុស្សី
俄語

ព័រទុយហ្គាល់
葡萄牙語

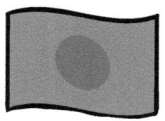

បង់ក្លាដេស
孟加拉語

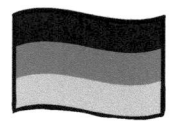

អាល្លឺម៉ង់
德語

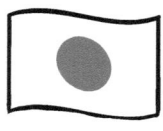

ជប៉ុន
日語

ខ្ញុំ

我

អ្នក

你

គាត់ / នាង / វា

他/她/它

យើង

我們

អ្នក

你們

ពួកគេហេន

他們

នរណា?

誰?

អ្វី?

什麼?

របៀបណា?

如何?

កន្លែងណា?

何處?

ពេលណា?

何時?

ឈ្មោះ

名字

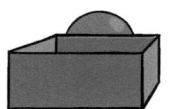

ពីក្រោយ

後面

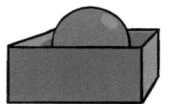

ក្នុង

裡面

ពីមុខ

前面

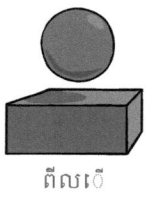

ពីលើ

上方

នៅលើ

上面

នៅក្រោម

下麵

នៅក្បែរ

旁邊

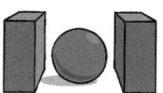

រវាង

中間

កន្លែង

地點